高老师歌谣学汉

Rhymes & Rhythm
For learning Chinese
2

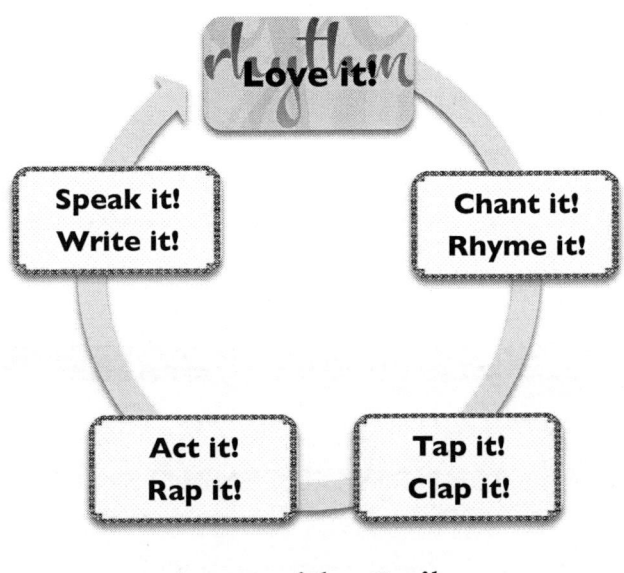

Learn with a Smile

Jian Gao
Illustrated by Eric Keto

Copyright © 2005 by Jian Gao

Published by Simply Excellent Chinese

www.chinesewithease.com

Illustration: Eric Keto

All rights reserved. No part of this publication may be reproduced, stored in a retrieval system or transmitted in any form or by any means, electronic, mechanical, photocopying, recording or otherwise, without prior written permission of the publisher.

ISBN 978-1-940031-21-7

Printed in the United States of America

ACKNOWLEDGEMENTS

Thank you to all the students I was fortunate to work with at Belmont Hill School of Massachusetts. You are full of wonder, insight and imaginations. You are my sources of inspiration.

Table of Contents

音韵留声　润物无声 — 6

The 40-minute lesson plan that really works — 7

A. Warm-ups

		Theme Connections	
1	做操	Body parts & Action verbs 1	8
2	一起做	Body parts & Action verbs 2	10

B. Home

3	空房子	Houses & Position words	12
4	上上下下	Position words & Rooms in a house	14
5	他们在哪儿?	Rooms in a house & Activities 1	16
6	以前 & 以后	Rooms in a house & Activities 2	18
7	不当老二	Being the middle child	20
8	别烦我!	Family issues	22
9	不公平!	Complaining about being the middle child	24
10	现在不行!	Various activities	26

C. School

11	什么是…?	Asking about the meaning of a word	28
12	站起来!	More classroom expressions	30
13	长方圆	Stuff in a classroom & Shapes	32
14	教狗说汉语	A few cool expressions	34
15	淘气包	School subjects & School related issues	36
16	学科	School subjects 1	38
17	上学歌	School subjects 2	40

D. Body & Feelings

Theme Connections

18	很重要	More adjectives	42
19	贴嘴巴	Action verbs	44
20	怎么了？	All about feelings	46
21	我病了	Illness & Health problems	48

E. Food

22	我饿了	Chinese food & Drinks	50
23	少吃肉	Food & Drinks	52
24	点菜	In a restaurant	54
25	随便点	Chinese food	56
26	水果	Fruits	58
27	蔬菜	Vegetables & Fruits	60

F. Shopping

28	中国钱	Chinese currency	62
29	多少钱？	Bargaining when shopping in China	64
30	商店和车	Shops & Cars	66
31	宠物店	Pets & Animals	68

G. Clothing

32	背心儿	Clothing	70
33	如果…	Clothing & Body parts	72
34	你看怎么样？	Clothing & Giving one's opinions	74
35	开学了！	School stuff & Clothes	76
36	我才不呢！	Clothing & Giving one's opinions	78

H. Time & Date

Theme Connections

37	忙死了！	Time & Leisure activities	80
38	别担心！	Morning routines	82
39	说星期	The days of the week	84

I. Around the Town

40	上上下下	Transportation & 上下 as verbs	86
41	天气和交通	Weather & Transportation	88
42	市中心	Places & Directions	90
43	怎么走？	Places & Ways to get there	92

J. Seasons & Weather

44	天气	Weather & Outdoor activeties	94
45	暑假	Activities in the summer	96
46	什么都行。	Weather & Activities	98
47	放假啦！	End of the school-year celebration!	100

Ms. Gao's Rhymes for Learning Chinese

音韵留声 润物无声

不管童年离我们有多遥远，我们的记忆中一定存有几首张口即来的歌谣。近十多年来，为了让我的学生一接触汉语就爱上汉语，为了把古老的"歌谣效应"巧妙地运用在汉语教学中，我为学生写了二百多首教学歌谣。每次教学生一个话题，我都会把核心词跟日常话编成一首歌谣或说唱给他们，以此引趣激情，帮助他们储存巩固并拓展已学到的知识内容。每当我看到学生兴致勃勃地去学去念去说去背诵去表演这些歌谣说唱时，我知道他们很快就能把所学内容内化成自己的语言。

Rhymes & Rhythm for Learning Chinese 汇集了我的一百多首精选教学歌谣。第一册和第二册的内容以教会话为主，话题包括：热身歌谣，问候，道谢，数字，身体，家庭，职业，学校，运动，动物，饮食，就餐，星期，时间，季节，气候，感觉，疾病，购物，交通，地点，衣物，颜色，方向，户外活动等等。第三册的内容有：语法点，中国文化精华，节庆，短剧，快板，数来宝等。

字不离词，词不离句，句不离段是一条教授汉语的正路，而我的这些韵律歌谣和会话正是路上的一块块踏石，让学生踩着去感受汉语抑扬顿挫的美音，探究汉字源远流长的文化底蕴。我们教的是日常会话，具体点说就是教学生把音发得准确，把话说得明白，教他们学会运用一些常用词和日常用语，引导他们了解中国文化。因此，我们不必一上来就把汉语教得深奥复杂，非让学生捧着一篇篇长课文去学核心词和日常用语不可。**A simple rhyme saves a lot of time**. 一首教学歌谣，一个说唱，有节有韵，清新自然，舒缓流畅，好念好记，音韵留声，润物无声。

The 40-Minute Lesson Format That *Really* Works

5 minutes	**Warm-ups** • Vocabulary review • Checking assignments	**Warm-up activities** • Vocab review with flashcards • Recite rhymes • Vocab review through drawing • Daily report
5 - 7 minutes	**Presentations** • Go over the new words • Or go over the new grammar • Or go over a new concept • Or anything important	**Ways to present** • By using PPT • By using handouts • By asking questions • By using other ways
5 minutes	**Before practice** • Check students' understanding • Ask students to read • Four tones and pronunciation	**Ways to help students prepare** • By playing the recording • By asking students to translate • By asking students Wh-questions • By asking students to read aloud
2 minutes	**Students practice** • Give students 2 minutes to practice either on their own • Or in small groups	**Students practice** • Small groups always better • They can be in the classroom • Or outside of the classroom • They will be out of their chairs
5 minutes	**It's show time!** • Students perform in groups • Students give answers orally • Students write answers down	**Teacher** • Access students' performance • Correct errors when needed • Give instant feedback
2 minutes	**Students practice** • Give students 2 minutes to practice either on their own • Or in small groups	**Students practice** • Small groups always better • They can be in the classroom • Or outside of the classroom • They will be out of their chairs
10 minutes	**It's show time!** • Students perform in groups • Students give answers orally • Students write answers down	**Teacher** • Access students' performance • Correct errors when needed • Give instant feedback
4 minutes	**End on high note** • End the class with an activity	**Ways to do so** • Vocab review competition • Perform a rhyme • Play a guessing game
2 minutes	**Give out homework** • Give homework before the bell rings	**Teacher** • Make sure to save enough time to explain the requirement of a homework • Never wait till the bell rings

1　做操　Follow me, please.

This action rhyme is a fun exercise for you and your classmates to do between classes or even during class when you feel a little sleepy. So, get up and stretch!

jǔ qǐ yòu shǒu　　jǔ qǐ zuǒ shǒu
举起右手。举起左手。

pāi pāi shuāng shǒu　　fàng xià shǒu
拍拍双手。放下手。

shēn chū yòu shǒu　　pāi pāi zuǒ jiān
伸出右手，拍拍左肩。

shēn chū zuǒ shǒu　　pāi pāi yòu jiān
伸出左手，拍拍右肩。

duò duò yòu jiǎo　　duò duò zuǒ jiǎo
跺跺右脚。跺跺左脚。

yī èr sān sì　　bèng bèng tiào tiào
一二三四，蹦蹦跳跳。

wān xià shēn zi　　mō mō jiǎo zhǐ
弯下身子，摸摸脚趾。

zhí qǐ shēn lái　　yáo yáo nǎo dài
直起身来，摇摇脑袋。

wǎng qián zǒu zǒu　　wǎng hòu tuì tuì
往前走走，往后退退。

Lǎo shī xué sheng　　qǐng huí zuò wèi
老师学生，请回座位。

Ms. Gao's Rhymes for Learning Chinese

Key words

1	举起	jǔqǐ	to lift; to raise up
2	双	shuāng	pair; two; double
3	放下	fàngxià	to put down
4	伸出	shēnchū	to stretch; to extend
5	肩	jiān	shoulder
6	跺	duò	to stamp one's feet
7	脚	jiǎo	foot; feet
8	蹦	bèng	to hop
9	跳	tiào	to jump
10	弯下	wānxià	to bend down
11	身子	shēnzi	body
12	摸	mō	to touch
13	脚趾	jiǎozhǐ	toe
14	直	zhí	to straighten; straight
15	摇	yáo	to shake; to rock; to row
16	脑袋	nǎodai	head
17	往	wǎng	towards
18	退	tuì	to go back; to retreat
19	座位	zuòwèi	seat

2 一起做 Let's do it together!

This action rhyme is a fun exercise for you and your classmates to do between classes or even during class when you feel a little sleepy. So, get up and stretch!

qǐng dà jiā zhàn qǐ lái　qǐng dà jiā zǒu dào yì qǐ
请大家站起来。请大家走到一起。

xiào yí xiào　wèn shēng hǎo
笑一笑，问声好，

yì qǐ lái zuò cāo
一起来做操。

shēn chū shǒu　wò yí wò
伸出手，握一握。

tái qǐ jiǎo　duò yí duò
抬起脚，跺一跺。

shēn chū shuāng shǒu　pāi yì pāi
伸出双手，拍一拍。

pāi pāi gē bo　pāi pāi tuǐ
拍拍胳膊，拍拍腿，

pāi pāi nǎo dài　cā cā zuǐ
拍拍脑袋，擦擦嘴。

róu róu yǎn　sǒng sǒng jiān
揉揉眼，耸耸肩，

jiū jiū ěr duo　mō mō liǎn
揪揪耳朵，摸摸脸。

qǐng dà jiā zhàn qǐ lái　qǐng dà jiā zǒu dào yì qǐ
请大家站起来。请大家走到一起。

xiào yí xiào　wèn shēng hǎo
笑一笑，问声好，

yì qǐ lái zuò cāo
一起来做操。

Ms. Gao's Rhymes for Learning Chinese

10

Key words

1	大家	dàjiā	everyone
2	站	zhàn	to stand
3	走	zǒu	to walk; to leave
4	一起	yìqǐ	together
5	笑	xiào	to smile; to laugh
6	问好	wènhǎo	to give one's best regards
7	做操	zuòcāo	to do exercise
8	抬	tái	to lift; to raise
9	胳膊	gēbo	arm
10	腿	tuǐ	leg
11	擦	cāi	to wipe
12	嘴	zuǐ	mouth
13	揉	róu	to rub
14	眼	yǎn	eye; eyes
15	耸	sǒng	to shrug (shoulder)
16	揪	jīu	to grip
17	耳朵	ěrduo	ear
18	摸	mō	to touch
19	脸	liǎn	face

3 空房子 — An empty house

dà fáng zi　xiǎo fáng zi
大房子，小房子，

shān shàng yǒu gè lǎo fáng zi
山上有个老房子。

fáng zi lǐ miàn méi yǒu rén
房子里面没有人，

yuán lái shì gè kōng fáng zi
原来是个空房子。

xīn fáng zi　jiù fáng zi
新房子，旧房子，

hé biān yǒu gè mù fáng zi
河边有个木房子，

fáng zi lǐ miàn méi yǒu rén
房子里面没有人，

yuán lái shì gè kōng fáng zi
原来是个空房子。

gāo fáng zi　ǎi fáng zi
高房子，矮房子，

lù biān yǒu gè cǎo fáng zi
路边有个草房子，

fáng zi lǐ miàn méi yǒu rén
房子里面没有人，

yuán lái yòu shì gè kōng fáng zi
原来又是个空房子。

Key words

#			
1	空	kōng	empty
2	房子	fángzi	house
3	大	dà	big
4	小	xiǎo	small
5	山上	shānshàng	on top of a mountain
6	老	lǎo	old
7	里面	lǐmiàn	inside
8	原来	yuánlái	as it turns out; original; originally
9	新	xīn	new
10	旧	jiù	old
11	河边	hébiān	by the river
12	木	mù	wood
13	高	gāo	tall; high
14	矮	ǎi	short; low
15	路边	lùbiān	by the road
16	草	cǎo	grass
17	又	yòu	once again
18	公寓	gōngyù	apartment
19	房间	fángjiān	room

4 上下左右 — Up Down Left Right

The list can be long: in and out, up and down, above and under, behind and front, and so on. This chant will make learning the position words easy and fun.

shàng miàn　xià miàn　xià miàn　shàng miàn
上　面，下　面，下　面，上　面。
shàng miàn de shū jià　shū jià shàng miàn
上　面　的　书　架，书　架　上　面。

zuǒ biān　yòu biān　yòu biān　zuǒ biān
左　边，右　边，右　边，左　边。
zuǒ biān de wò shì　wò shì zuǒ biān
左　边　的　卧　室，卧　室　左　边。

qián miàn　hòu miàn　hòu miàn　qián miàn
前　面，后　面，后　面，前　面。
qián miàn de fáng zi　fáng zi qián miàn
前　面　的　房　子，房　子　前　面。

lǐ miàn　wài miàn　wài miàn　lǐ miàn
里　面，外　面，外　面，里　面。
lǐ miàn de fáng jiān　fáng jiān lǐ miàn
里　面　的　房　间，房　间　里　面。

páng biān　zhōng jiān　zhōng jiān　páng biān
旁　边，中　间，中　间，旁　边。
páng biān de cè suǒ　cè suǒ páng biān
旁　边　的　厕　所，厕　所　旁　边。

duì miàn　duì miàn　duì miàn　duì miàn
对　面，对　面，对　面，对　面。
duì miàn de gōng yuán　gōng yuán duì miàn
对　面　的　公　园，公　园　对　面。

Ms. Gao's Rhymes for Learning Chinese

Key words

1	上面	shàngmiàn	on top of; above
2	下面	xiàmiàn	below; under
3	书架	shūjià	bookshelf
4	左边	zuǒbiān	left; the left side
5	右边	yòubiān	right; the right side
6	前面	qiánmiàn	ahead; in front of
7	后面	hòumiàn	back; behind; rear
8	房子	fángzi	house
9	里面	lǐmiàn	inside
10	房间	fángjiān	room
11	外面	wàimiàn	outside
12	旁边	pángbiān	beside
13	中间	zhōngjiān	between; in the middle of
14	对面	duìmiàn	opposite
15	公园	gōngyuán	park
16	最	zuì	the most (before an adj. or a verb)
17	地下室	dìxiàshì	basement
18	洗衣房	xǐyīfáng	laundry room
19	洗手间	xǐshǒujiān	washroom

5 他们在哪儿？ Where are they?

bà ba zài nǎ er
爸爸在哪儿？

tā zài shū fáng
他在书房。
tā zài shū fáng kàn shū
他在书房看书。

mā ma zài nǎ er
妈妈在哪儿？

tā zài chú fáng
她在厨房。
tā zài chú fáng wèi zhū
她在厨房喂猪。

gē ge zài nǎ er
哥哥在哪儿？

tā zài wò shì
他在卧室。
tā zài wò shì shàng wǎng
他在卧室上网。

jiě jie zài nǎ er
姐姐在哪儿？

tā zài yù shì
她在浴室。
tā zài yù shì xǐ shù
她在浴室洗漱。

dì di zài nǎ er
弟弟在哪儿？

tā zài kè tīng
他在客厅。
tā zài kè tīng xià qí
他在客厅下棋。

mèi mei zài nǎ er
妹妹在哪儿？

tā zài cān tīng
她在餐厅。
tā zài cān tīng chī cù
她在餐厅吃醋。

Ms. Gao's Rhymes for Learning Chinese

Key words

1	爸爸	bàba	dad
2	哪儿	nǎr	Where?
3	书房	shūfáng	study (a room in a house)
4	看书	kànshū	to read
5	妈妈	māma	mom
6	厨房	chúfáng	kitchen
7	喂	wèi	to feed
8	哥哥	gēge	older brother
9	卧室	wòshì	bedroom
10	上网	shàngwǎng	to surf the internet
11	姐姐	jiějie	older sister
12	浴室	yùshì	bathroom
13	洗漱	xǐshù	to freshen up
14	弟弟	dìdi	younger brother
15	客厅	kètīng	living-room
16	下棋	xiàqí	to play chess
17	妹妹	mèimei	younger sister
18	餐厅	cāntīng	dining-room
19	吃醋	chīcù	to feel jealous

6 以前 & 以后   Before & After

In Chinese, the words "before" and "after" are used slightly different than in English. In this rhyming dialogue, you will learn how to use them. Besides, you will also learn how to say all the rooms in your house in Chinese.

yī diǎn yǐ qián nǐ gàn shá
一点以前你干啥?

wǒ zài fàn tīng hē bīng chá
我在饭厅喝冰茶。

liǎng diǎn yǐ qián nǐ gàn shá
两点以前你干啥?

wǒ zài chú fáng qiē xī guā
我在厨房切西瓜。

sān diǎn yǐ qián nǐ gàn shá
三点以前你干啥?

wǒ zài kè tīng liàn huà huà er
我在客厅练画画儿。

sì diǎn yǐ qián nǐ gàn shá
四点以前你干啥?

wǒ zài wò shì xiě shēng rì kǎ
我在卧室写生日卡。

wǔ diǎn yǐ qián nǐ gàn shá
五点以前你干啥?

wǒ zài bāng mā shōu shi jiā
我在帮妈收拾家。

nà me liù diǎn yǐ hòu ne
那么,六点以后呢?

wǒ xiān qù huā yuán wèi xiǎo tù
我先去花园喂小兔,
rán hòu dǎ sǎo yù shì hé chē kù
然后打扫浴室和车库!

nǐ yě tài máng le
你也太忙了!

Ms. Gao's Rhymes for Learning Chinese

Key words

1	以前	yǐqián	before; formerly
2	饭厅	fàntīng	dining-room
3	厨房	chúfáng	kitchen
4	切	qiē	to cut; to slice
5	客厅	kètīng	living-room
6	练	liàn	to practice
7	卧室	wòshì	bedroom
8	写	xiě	to write
9	生日卡	shēngrìkǎ	birthday card
10	收拾	shōushi	to put (something) in order; to tidy up
11	以后	yǐhòu	after; later; afterwards
12	先	xiān	first
13	花园	huāyuán	garden
14	兔	tù	rabbit
15	然后	ránhòu	and then; after that
16	打扫	dǎsǎo	to clean
17	浴室	yùshì	bathroom; shower-room
18	车库	chēkù	garage
19	得	děi	have to; must

7 不当老二! — Don't want to be in the middle!

> There are many good reasons in being a middle child. One of the advantages is the love you receive from both sides. Agree or disagree?

shuí rě nǐ la
谁惹你啦?

bù gōng píng bù gōng píng
不公平! 不公平!

zhēn shì bù gōng píng
真是不公平!

shàng yǒu dà xià yǒu xiǎo
上有大, 下有小,

zhōng jiān wèi zhì zuì bù hǎo
中间位置最不好。

shén me dōu shì èr shǒu huò
什么都是二手货,

nǐ shuō fán nǎo bù fán nǎo
你说烦恼不烦恼!

èr shǒu wán jù hé shū bāo
二手玩具和书包!

èr shǒu yī fú hé xié mào
二手衣服和鞋帽!

èr shǒu diàn shì hé jí tā
二手电视和吉他,

èr shǒu qì chē hé diàn nǎo
二手汽车和电脑!

suàn la bié shuō la
算啦! 别说啦!

shuí ràng nǐ shì lǎo èr ne
谁让你是老二呢?

nǐ jiù rèn le ba
你就认了吧。

Ms. Gao's Rhymes for LEARNING CHINESE

20

Key words

1	当	dāng	to be; to serve as
2	老二	lǎoèr	the middle child; the second child
3	惹	rě	to bother; to cause (trouble)
4	公平	gōngpíng	fair
5	中间	zhōngjiān	in the middle; between
6	位置	wèizhì	position
7	二手货	èrshǒu huò	second-hand stuff
8	烦恼	fánnǎo	annoying
9	玩具	wánjù	toy
10	衣服	yīfú	clothes
11	鞋	xié	shoe; shoes
12	帽	mào	hat; cap
13	电视	diànshì	TV set; TV program
14	算啦!	suàn la	Let it go!
15	让	ràng	to let; to allow
16	认	rèn	to admit; to recognize; to accept
17	家务活	jiāwùhuó	household chores
18	老大	lǎodà	the first child; leader of a group
19	老小	lǎoxiǎo	the youngest child

Ms. Gao's Rhymes for Learning Chinese

8 别烦我! Don't bother me!

> Researchers say the late-to-bed and late-to-rise pattern is the way teens are biologically programmed.

jǐ diǎn le　zěn me hái bú shuì
几点了？怎么还不睡？

děng yí huì er　wǒ zài gēn rén liáo
等一会儿，我在跟人聊。

jǐ diǎn le　zěn me hái bú shuì
几点了？怎么还不睡？

děng yí huì er　wǒ zài chá zī liào
等一会儿，我在查资料。

jǐ diǎn le　zěn me hái bú shuì
几点了？怎么还不睡？

děng yí huì er　wǒ zài xiě bào gào
等一会儿，我在写报告。

jǐ diǎn le　zěn me hái bú shuì
几点了？怎么还不睡？

bié wèn wǒ　wǒ zài xiū diàn nǎo
别问我，我在修电脑。

jǐ diǎn le　zěn me hái bú shuì
几点了？怎么还不睡？

bié guǎn wǒ　wǒ zài chī xuě gāo
别管我，我在吃雪糕。

jǐ diǎn le　zěn me hái bù qǐ chuáng
几点了？怎么还不起床？

bié fán wǒ　wǒ dei shuì diǎn er jiào
别烦我，我得睡点儿觉。

Key words

1	几点？	jǐdiǎn	What's the time?
2	怎么	zěnme	How come…?
3	还	hái	still
4	睡	shuì	to sleep; to go to bed
5	等	děng	to wait
6	一会儿	yíhuìr	in a little while
7	跟	gēn	with; and
8	聊	liáo	to chat
9	查	chá	to search; to check
10	资料	zīliào	data; information
11	写	xiě	to write
12	报告	bàogào	report
13	修	xiū	to fix; to repair
14	电脑	diànnǎo	computer
15	管	guǎn	to control; to order
16	雪糕	xuěgāo	popsicle
17	烦	fán	to bother; to annoy
18	休息	xiūxi	to take a break; to rest
19	唠叨	láodao	to nag; to criticize

Ms. Gao's Rhymes for Learning Chinese

9 不公平!   Not fair!

> We know parents have a huge impact on our personal development, but so do our brothers and sisters. What is your birth order in your family and how do you think it affects your personality?

姐姐叫小丽，今年整十七。
可她比我更自由，
真让我生气！
她经常晚回家，
她常换新手机，
她可以开车到处玩儿，
我哪儿都不能去。

弟弟叫小林，今年也十一。
可他比我更自由，
真让我生气！
他可以晚起床，
还可以耍把戏，
有时装病不上学，
爸妈也不生气！

Key words

1	公平	gōngpíng	fair
2	整	zhěng	exact; exactly
3	更	gèng	even more
4	自由	zìyóu	freedom
5	生气	shēngqì	angry
6	经常	jīngcháng	often
7	晚	wǎn	late
8	换	huàn	to change
9	开车	kāichē	to drive
10	到处	dàochù	everywhere
11	玩儿	wánr	to play
12	耍	shuǎ	to act foolishly; to play (trick)
13	把戏	bǎxì	tricks
14	有时	yǒushí	sometimes
15	装	zhuāng	to pretend
16	病	bìng	sickness; sick
17	上学	shàngxué	to go to school
18	老大	lǎodà	the oldest child; leader of a group
19	老小	lǎoxiǎo	the youngest child

10 现在不行! Not now!

> A family is a team, and all individuals (as age allows) should pitch in to their duties. Who cleans your bedroom?

bǎ wò shì zhěng lǐ yí xià
把卧室整理一下。

xiàn zài bù xíng wǒ zài xǐ zǎo
现在不行,我在洗澡。

bǎ wò shì zhěng lǐ yí xià
把卧室整理一下。

xiàn zài bù xíng wǒ zhèng yào dǎo gào
现在不行,我正要祷告。

bǎ wò shì zhěng lǐ yí xià
把卧室整理一下。

xiàn zài bù xíng wǒ yào qù liù gǒu
现在不行,我要去遛狗。

bǎ wò shì zhěng lǐ yí xià
把卧室整理一下。

xiàn zài bù xíng wǒ zài pāi zhào
现在不行,我在拍照。

nǐ dào dǐ xiǎng bù xiǎng zhěng lǐ ne
你到底想不想整理呢?

zěn me bù xiǎng míng tiān ba
怎么不想?明天吧。

dōu jǐ gè míng tiān le
都几个明天了?

Key words

1	现在	xiànzài	now
2	不行	bùxíng	cannot; not ok
3	卧室	wòshì	bedroom
4	整理	zhěnglǐ	to put in order
5	一下儿	yíxiàr	briefly; quickly
6	洗澡	xǐzǎo	to take a bath; to take a shower
7	祷告	dǎogào	to pray
8	遛狗	liùgǒu	to walk the dog
9	拍照	pāizhào	to take a photo
10	到底	dàodǐ	in the end; after all
11	想	xiǎng	to think; to want; to miss
12	怎么	zěnme	how
13	明天	míngtiān	tomorrow
14	今天	jīntiān	today
15	昨天	zuótiān	yesterday
16	前天	qiántiān	the day before yesterday
17	周末	zhōumò	weekend
18	去年	qùnián	last year
19	今年	jīnnián	this year

11 什么是…? What does it mean?

shén me shì dǎ chē
什么是"打车"?

shén me shì bǎi pǔ
什么是"摆谱"?

shén me shì méi mén er
什么是"没门儿"?

shén me shì lǎo shǔ
什么是"老鼠"

shì dǎ chē
Take a taxi 是打车,

shì bǎi pǔ
Show off 是摆谱。

Méi mén er de yì si shì
没门儿的意思是 No way!

shì lǎo shǔ
Rat 是老鼠。

shén me shì lǎo wài
什么是"老外"?

shén me shì mǎi dān
什么是"买单"?

shén me shì pāi mǎ pì
什么是"拍马屁"?

shén me shì hún dàn
什么是"混蛋"?

shì lǎo wài
Foreigner 是老外,

shì mǎi dān
Bill, please 是买单,

pāi mǎ pì shì
拍马屁是 Kiss ass,

shì hún dàn
Bastard 是混蛋。

Ms. Gao's Rhymes for Learning Chinese

Key words

1	打车	dǎchē	to take a taxi
2	摆谱	bǎipǔ	to show off
3	没门儿	méiménr	No way.
4	老鼠	lǎoshǔ	rat; mouse
5	老外	lǎowài	foreigner (nickname for foreigners)
6	买单	mǎidān	bill, please.
7	拍马屁	pāi mǎpì	brown nose; to kiss ass
8	混蛋	húndàn	bastard
9	意思	yìsi	meaning

Fun with Chinese idioms

Chinese language is rich with four-character idioms, and some of the Chinese idioms also have their English equivalents.

	Pinyin	Meaning
1. 一石二鸟	_____	_____
2. 冰山一角	_____	_____
3. 五颜六色	_____	_____
4. 不三不四	_____	_____
5. 一日三秋	_____	_____

Ms. Gao's Rhymes for Learning Chinese

12 站起来! — Stand up!

> Stand up! Sit down! Take out your books! Take out your pencils! Raise your hand when asking questions! I am sure you've heard your teacher saying all these things! This rhyme will teach you the common classroom expressions.

zhàn qǐ lái   zuò xià qù
站 起 来! 坐 下 去!

zhàn qǐ lái   zuò xià qù
站 起 来! 坐 下 去!

líng xiǎng la   shàng kè la
铃 响 啦, 上 课 啦!

qǐng zuò hǎo   bié shuō huà
请 坐 好! 别 说 话!

ná chū shū   ná chū bǐ
拿 出 书! 拿 出 笔!

zhù yì tīng   yòng xīn jì
注 意 听! 用 心 记!

yǒu wèn tí   qǐng jǔ shǒu
有 问 题, 请 举 手。

gāi shuí la   gāi wǒ la
该 谁 啦? 该 我 啦!

lǎo shī   lǎo shī   líng xiǎng la
老 师, 老 师, 铃 响 啦,

lǎo shī   lǎo shī   xià kè ba
老 师, 老 师, 下 课 吧!

Ms. Gao's Rhymes for Learning Chinese

Key words

1	站	zhàn	to stand
2	起来	qǐlái	to get up
3	下去	xiàqù	to go down; to get off
4	注意	zhùyì	to pay attention to
5	听	tīng	to listen; to hear
6	用	yòng	to use
7	心	xīn	heart
8	记	jì	to remember
9	问题	wèntí	question; problem
10	举	jǔ	to raise
11	该	gāi	should; must
12	该谁啦？	gāi shéi la	Who's turn is it?
13	请安静。	qǐng ānjìng	Quiet, please.
14	大声说。	dàshēng shuō	Speak aloud.
15	请进。	qǐng jìn	Come in, please.
16	出去！	chūqù	Get out!

If you like to play Lego...

Each Chinese character is like a Lego brick. Many ideas, thoughts and feelings are expressed by combining two or more characters to form a new word, such as snowman 雪人, literally means "snow person".

13 长方圆 Shapes

  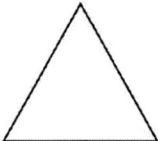 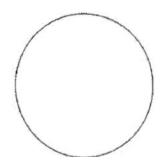

cháng fāng　　zhèng fāng　　sān jiǎo　　yuán
长方，正方，三角，圆，
长方，正方，三角，圆。

cháng fāng de hēi bǎn　　cháng fāng de zhǐ
长方的黑板，长方的纸，
cháng fāng de diàn nǎo　　cháng fāng de chǐ
长方的电脑，长方的尺。

zhèng fāng de hàn zì　　zhèng fāng de huà er
正方的汉字，正方的画儿，
zhèng fāng de zhuō zi　　zhèng fāng de jià
正方的桌子，正方的架。

yuán yuán de guāng pán　　yuán yuán de zhōng
圆圆的光盘，圆圆的钟，
yuán yuán de dì qiú　　yuán yuán de dēng
圆圆的地球，圆圆的灯。

sān jiǎo ěr duo　　sān jiǎo liǎn
三角耳朵，三角脸，
sān jiǎo kù chǎ　　sān jiǎo bǎn
三角裤衩，三角板。

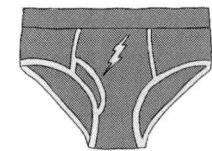

cháng fāng　　zhèng fāng　　sān jiǎo　　yuán
长方，正方，三角，圆，
长方，正方，三角，圆。

Ms. Gao's Rhymes for Learning Chinese

Key words

1	长方	chángfāng	rectangle
2	正方	zhèngfāng	square
3	三角	sānjiǎo	triangle
4	圆	yuán	circle
5	黑板	hēibǎn	blackboard
6	纸	zhǐ	paper
7	电脑	diànnǎo	computer
8	尺	chǐ	ruler
9	汉字	hànzì	Chinese character
10	画儿	huàr	painting; picture
11	桌子	zhuōzi	table; desk
12	架	jià	frame; to support
13	光盘	guāngpán	CD
14	钟	zhōng	clock; bell
15	灯	dēng	lamp; light; light bulb
16	脸	liǎn	face
17	裤衩	kùchǎ	underwear
18	三角板	sānjiǎobǎn	triangle ruler
19	型	xíng	shape

14 教狗说汉语 Teach my dog Chinese

> Teach your dog a trick a day! You can teach your dog to roll over, shake paws, play dead, open a door, turn off a light - and even speak Chinese! So, practice speaking Chinese with your dog, and see how smart he or she is!

wǒ jiāo jīn máo shuō hàn yǔ
我教金毛说汉语,

tā tiào qǐ lái shuō kù
它跳起来说"酷"!

wǒ jiāo jīn máo xiě hàn zì
我教金毛写汉字,

tā xiě nǐ zhēn méi shù
它写"你真没数"!

wǒ jiāo jīn máo niàn gē yáo
我教金毛念歌谣,

tā zhí hǎn tài wú liáo
它直喊"太无聊"!

wǒ jiào jīn máo zuò wǒ de zuò yè
我叫金毛做我的作业,

tā zhàn qǐ lái qiú ráo
它站起来求饶。

wǒ jiào jīn máo chī mán tóu
我叫金毛吃馒头,

tā yáo zhe tóu shuō
它摇着头说:

bú yào bú yào bú yào
不要!不要!不要!

Ms. Gao's Rhymes for Learning Chinese

Key words

1	教	jiāo	to teach
2	金毛	jīnmáo	Golden Retriever
3	说	shuō	to speak; to say
4	汉语	hànyǔ	Chinese language
5	跳起来	tiào qǐlái	to jump up
6	酷	kù	cool
7	写	xiě	to write
8	汉字	hànzì	Chinese character
9	真没数	zhēn méishù	How clueless!
10	念	niàn	to read aloud
11	歌谣	gēyáo	rhymes; folk songs
12	一直	yìzhí	non-stop
13	喊	hǎn	to shout
14	无聊	wúliáo	boring
15	叫	jiào	to call; to ask sb. to do something
16	站起来	zhàn qǐlái	to stand up
17	求饶	qiúráo	to beg forgiveness
18	馒头	mántou	steamed bun
19	摇头	yáotóu	to shake one's head

Ms. Gao's Rhymes for Learning Chinese

15 淘气包 Troublemaker

> Are you a troublemaker at school? Are you often late for school? Do you pay attention during class? Are you friendly and helpful to your classmates? Have you ever had detention?

táo qì bāo　qù xué xiào
淘气包，去学校，

měi tiān shàng kè dōu chí dào
每天上课都迟到。

lǎo shī shuō tā tā yǒu lǐ
老师说他他有理，

wǒ de nào zhōng méi yǒu nào
我的闹钟没有闹。

táo qì bāo　qù xué xiào
淘气包，去学校，

lǎo shī jiǎng kè tā shuì jiào
老师讲课他睡觉。

lì shǐ zuò yè tā bù jiāo
历史作业他不交，

shù xué kè shàng tā dǎ nào
数学课上他打闹。

táo qì bāo　qù xué xiào
淘气包，去学校，

wèn shá tā dōu bù zhī dào
问啥他都不知道。

tóng xué huí jiā tā liú xiào
同学回家他留校，

měi tiān ái fá zhēn fán nǎo
每天挨罚真烦恼。

Key words

1	淘气包	táoqìbāo	troublemaker
2	上课	shàngkè	Class starts.
3	迟到	chídào	to arrive late
4	有理	yǒulǐ	to have a reason for
5	闹钟	nàozhōng	alarm clock
6	讲课	jiǎngkè	to teach a subject
7	睡觉	shuìjiào	to sleep
8	历史	lìshǐ	history
9	作业	zuòyè	homework assignment
10	交	jiāo	to hand in
11	数学	shùxué	math
12	课	kè	subject; class
13	打闹	dǎnào	to fight; to fool around
14	留校	liúxiào	to remain after school for a detention
15	每天	měitiān	everyday
16	挨	ái	to suffer; to endure
17	罚	fá	punishment; to punish
18	烦恼	fánnǎo	annoying
19	糟糕	zaogāo	How terrible! Oh, my God!

Ms. Gao's Rhymes for Learning Chinese

16 学科 — School subject

> Are you always stressed about your homework? Are you daydreaming during study time? Homework isn't that hard. Working efficiently is half work and half psychology.

nǐ zuò yè zuò le méi yǒu
你作业做了没有？

zǎo zuò hǎo le　zài zhè er　nǐ kàn
早做好了。在这儿，你看：

shù xué zuò yè yǐ zuò wán　yī jiā yī děng yú sān
数学作业已做完，一加一等于三。

yīng yǔ zuò yè yǐ zuò wán　kè wén niàn le qī bā biàn
英语作业已做完，课文念了七八遍。

lì shǐ bào gào yǐ xiě wán　wǔ zhāng zhǐ　qī dà duàn
历史报告已写完，五张纸，七大段。

kē xué zuò yè yǐ zuò wán　shí yàn jié guǒ zài shàng mian
科学作业已做完，实验结果在上面。

nà nǐ de hàn yǔ zuò yè ne
那你的汉语作业呢？

hàn yǔ lǎo shī xīn cháng hǎo
汉语老师心肠好，
méi liú zuò yè yào wǒ wán er
没留作业要我玩儿。

zhēn de ma　bú huì ba
真的吗？不会吧。

Key words

1	学科	xuékē	school subject
2	作业	zuòyè	homework assignment
3	数学	shùxué	math
4	已经	yǐjīng	already
5	完	wán	to finish
6	加	jiā	to add
7	等于	děngyú	to be equal to
8	课文	kèwén	text
9	念	niàn	to read aloud
10	遍	biàn	A measure word indicating the frequency of an action verb.
11	历史	lìshǐ	history
12	报告	bàogào	report; to report
13	写	xiě	to write
14	科学	kēxué	science
15	实验	shíyàn	to experiment; experiments
16	结果	jiéguǒ	result
17	心肠	xīncháng	heart
18	留	liú	to give (homework)
19	玩	wán	to play

17 上学歌　School song

星期一，起得早，
背着书包去学校。
见到老师说：您早。
见到同学说：你好。

星期二，学汉语。
中国字，真有趣，
横竖撇捺在一起，
写字象是玩游戏。

星期三，学数学。
一加一，二减一，
一乘一，二除一。
一二三四五六七。

星期四，学历史。
东方西方多故事。
老师学生一起谈，
历史和未来紧相连。

星期五，学科学。
地理物理和化学。
查资料，做实验，
老师夸我真能干。

Key words

1	背	bēi	to carry on one's shoulder or back
2	有趣	yǒuqù	interesting
3	象	xiàng	to look alike; to seem
4	游戏	yóuxì	game
5	东方	dōngfāng	East
6	西方	xīfāng	West
7	故事	gùshì	story
8	谈	tán	to talk about; to discuss
9	未来	wèilái	future
10	紧	jǐn	close; closely; tight
11	相连	xiānglián	to be connected; to connect
12	物理	wùlǐ	physics
13	生化	shēnghuà	biochemistry
14	化学	huàxué	chemistry
15	查	chá	to research; to check
16	资料	zīliào	data; information
17	实验	shíyàn	experiment; to do an experiment
18	夸	kuā	to praise
19	能干	nénggàn	capable

18 很重要 Very important

> Adjectives describe or give information about nouns or pronouns and can be used to give your opinion about something.

yǒu rén yǎn jīng xiǎo　yǒu rén yǎn jīng dà
有人眼睛小，有人眼睛大。

yǒu rén yǎn jīng hǎo　yǒu rén yǎn jīng huā
有人眼睛好，有人眼睛花。

bù guǎn yǎn jīng xiǎo hái shì dà
不管眼睛小还是大，

bù guǎn yǎn jīng hǎo hái shì huā
不管眼睛好还是花，

yǎn jīng　yǎn jīng　hěn zhòng yào
眼睛，眼睛，很重要，

wǒ men bù néng méi yǒu tā
我们不能没有它。

yǒu rén gē bo cháng　yǒu rén gē bo duǎn
有人胳膊长，有人胳膊短，

yǒu rén gē bo zhí　yǒu rén gē bo wān
有人胳膊直，有人胳膊弯。

bù guǎn gē bo cháng hái shì duǎn
不管胳膊长还是短，

bù guǎn gē bo zhí hái shì wān
不管胳膊直还是弯，

méi yǒu gē bo jiù méi yǒu shǒu
没有胳膊就没有手，

méi shǒu jiù bù néng dǎ qiū qiān
没手就不能打秋千。

Ms. Gao's Rhymes for Learning Chinese

Key words

1	重要	zhòngyào	important
2	有人	yǒurén	somebody
3	眼睛	yǎnjīng	eye; eyes
4	小	xiǎo	small
5	大	dà	big
6	好	hǎo	good
7	花	huā	far-sighted; presbyopia
8	不管	bùguǎn	no matter; regardless of
9	还是	háishì	or (alternative question only)
10	能	néng	can; be able to
11	胳膊	gēbo	arm
12	长	cháng	long
13	短	duǎn	short
14	直	zhí	straight
15	弯	wān	bent; not straight
16	就	jiù	just
17	手	shǒu	hand
18	打	dǎ	to play
19	秋千	qiūqiān	swings

Ms. Gao's Rhymes for Learning Chinese

19 贴嘴巴 Pin the mouth on the face!

Pin the Mouth on the Face is easy to play and fun for all ages. You can play it at home with your siblings or at school with your classmates. Now, let's chant in Chinese while playing the game.

méng shàng yǎn　bié jiǎng huà
蒙上眼，别讲话。

bié jiǎng huà　bié jiǎng huà
别讲话！别讲话！

dà jiā lái wán er tiē zuǐ ba
大家来玩儿贴嘴巴。

dà jiā lái wán er tiē zuǐ ba
大家来玩儿贴嘴巴。

ná zhe zuǐ ba wǎng qián zǒu
拿着嘴巴往前走，

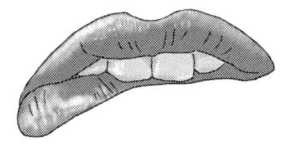

zǒu dào liǎn qián shēn chū shǒu
走到脸前伸出手。

shàng shàng shàng　xià xià xià
上上上，下下下，

zuǒ zuǒ zuǒ　yòu yòu yòu
左左左，右右右，

zuǐ ba tiē zài le ěr duo xià
嘴巴贴在了耳朵下。

hā hā hā　hā hā hā
哈哈哈！哈哈哈！

zuǐ ba tiē zài le ěr duo xià
嘴巴贴在了耳朵下。

Ms. Gao's Rhymes for Learning Chinese

Key words

1	贴	tiē	to stick; to post; to put
2	嘴巴	zuǐba	mouth
3	蒙上	méngshàng	to fold; to cover
4	眼	yǎn	eye; eyes
5	别	bié	Do not
6	讲话	jiǎnghuà	to talk; to speak
7	大家	dàjiā	everyone
8	玩	wán	to play
9	拿	ná	to take; to hold
10	往	wǎng	towards
11	前	qián	front; in the front of; before
12	走	zǒu	to walk; to leave
13	走到	zǒudào	to have arrived
14	脸	liǎn	face
15	伸出	shēnchū	to stretch; to reach out
16	手	shǒu	hand
17	耳朵	ěrduo	ear
18	哈	hā	sound of a laughter
19	鼻子	bízi	nose

20 怎么了? What's the matter?

> Everyone has feelings. We experience different feelings during the day. And we get to know ourselves through our feelings.

nǐ zěn me le
你怎么了?
hǎo xiàng bù zěn me kāi xīn
好像不怎么开心。

nǐ hǎo xiàng yě bù kāi xīn
你好像也不开心。

wǒ zhēn de hěn shēng qì
我真的很生气!
wǒ zuò cuò le sān dào tí
我做错了三道题。

wǒ zhēn de hěn nán guò
我真的很难过!
tā kāi huài le wǒ de chē
他开坏了我的车。

wǒ zhēn de hěn hài pà
我真的很害怕。
wǒ pà bèi jiào liàn mà
我怕被教练骂。

wǒ zhēn de hěn fán nǎo
我真的很烦恼!
wǒ yòu méi ná dào jià zhào
我又没拿到驾照。

wǒ zhēn de hěn gān gà
我真的很尴尬。
wǒ yòu méi kǎo hǎo shēng huà
我又没考好生化。

wǒ zhēn de hěn chī jīng
我真的很吃惊。
tā yào zǒu zhe qù běi jīng
他要走着去北京。

zhēn de   jiǎ de
真的? 假的?

Key words

1	好像	hǎoxiàng	to seem
2	开心	kāixīn	happy; glad
3	生气	shēngqì	angry
4	做错	zuòcuò	did (it) incorrectly; did (it) wrong
5	题	tí	questions on a test
6	难过	nánguò	to feel sad; upset
7	坏	huài	broken
8	害怕	hàipà	to be afraid
9	被	bèi	by (indicates passive-voice)
10	教练	jiàoliàn	coach
11	烦恼	fánnǎo	to feel irritating
12	驾照	jiàzhào	driver's license
13	感到	gǎndào	to feel; to have the feeling of
14	尴尬	gāngà	to feel embarrassed; awkward
15	生化	shēnghuà	biochemistry
16	吃惊	chījīng	to be shocked
17	走	zǒu	to walk; to leave
18	着	zhe	a particle after a verb to indicate an action in progress
19	假	jiǎ	false

21　我病了。　**I am sick.**

头 疼 tóuténg headache	嗓子 疼 sǎngzi téng sore throat	咳嗽 késou cough	拉 肚子 lā dùzi diarrhea	发 烧 fāshāo fever

nǐ nǎ er bù shū fú
你 哪儿 不 舒服？

　　　　　　　　wǒ dù zi yǒu diǎn er téng
　　　　　　　　我 肚子 有 点儿 疼。

kàn le yī sheng méi yǒu
看 了 医 生 没 有？

　　　　　　　　kàn le yě méi yòng
　　　　　　　　看 了 也 没 用。

nà shì wèi shén me
那 是 为 什 么？

　　　　　　　　wǒ chī le bīng qí lín
　　　　　　　　我 吃 了 冰 淇 淋！

chī le bīng qí lín
吃 了 冰 淇 淋？

　　　　　　　　tài duō de bīng qí lín
　　　　　　　　太 多 的 冰 淇 淋！

nǐ yòu zěn me le
你 又 怎么 了？

　　　　　　　　wǒ de yá yǒu diǎn er téng
　　　　　　　　我 的 牙 有 点儿 疼。

kàn le yī sheng méi yǒu
看 了 医 生 没 有？

　　　　　　　　Kàn le yě méi yòng
　　　　　　　　看 了 也 没 用。

nà shì wèi shén me
那 是 为 什 么？

　　　　　　　　wǒ chī le tài duō de bīng qí lín
　　　　　　　　我 吃 了 太 多 的 冰 淇 淋！

Ms. Gao's Rhymes for Learning Chinese

Key words

1	病	bìng	sick; illness
2	头	tóu	head
3	疼	téng	hurt
4	嗓子	sǎngzi	throat
5	咳嗽	késou	cough
6	拉肚子	lā dùzi	diarrhea
7	发烧	fāshāo	to have a fever
8	哪儿	nǎr	Where?
9	舒服	shūfú	comfortable
10	医生	yīshēng	physician
11	用	yòng	to use; usefulness
12	没用	méiyòng	not necessary; useless
13	吃	chī	to eat
14	太	tài	too; so
15	冰淇淋	bīngqílín	ice cream
16	又	yòu	(once) again, also, both…and…
17	痛	tòng	hurt; sore
18	医院	yīyuàn	hospital
19	过敏	guòmǐn	to be allergic to; allergy

22 我饿了! I am hungry!

nǐ zěn me le
你怎么了?

wǒ è le
我饿了。

nǐ xiǎng chī diǎn er shén me
你想吃点儿什么?

wǒ shén me dōu xiǎng chī   dàn chǎo fàn   niú ròu miàn   bāo zǐ
我什么都想吃:蛋炒饭,牛肉面,包子,

jiǎo zǐ   suān là tāng   gōng bào jī dīng hé mǐ fàn
饺子,酸辣汤,宫爆鸡丁和米饭。

nǐ zěn me le
你怎么了?

wǒ yǒu diǎn er kě
我有点儿渴。

nǐ xiǎng hē diǎn er shén me
你想喝点儿什么?

wǒ shén me dōu xiǎng hē   niú nǎi   kā fēi hé xuě bì
我什么都想喝:牛奶,咖啡和雪碧。

kě lè   qì shuǐ hé qī xǐ   hái yǒu guǒ zhī   bīng chá hé
可乐,汽水和七喜。还有果汁,冰茶和

qiǎo kè lì
巧克力。

qiǎo kè lì
巧克力?

qiǎo kè lì niú nǎi
巧克力牛奶。

Ms. Gao's Rhymes for Learning Chinese

Key words

1	怎么	zěnme	how
2	点儿	diǎnr	a little bit
3	饿	è	hungry
4	蛋	dàn	egg
5	炒饭	chǎofàn	fried rice
6	肉	ròu	meat
7	面	miàn	noodle; wheat
8	包子	bāozi	steamed meat or vegetable ban
9	饺子	jiǎozi	dumpling
10	酸	suān	sour
11	辣	là	spicy; hot
12	汤	tāng	soup
13	米饭	mǐfàn	cooked rice
14	渴	kě	thirsty
15	汽水	qìshuǐ	soda water
16	七喜	qīxǐ	7-Up
17	果汁	guǒzhī	fruit juice
18	冰茶	bīngchá	ice tea
19	巧克力	qiǎokēlì	chocolate

23 少吃肉! Eat less meat!

> Although Chinese generally do not eat a lot of meat, pork and chicken are the most common. Vegetables play a central role in Chinese cooking.

nǐ zài gàn shén me
你在干什么?

wǒ zài chī fàn ne
我在吃饭呢。

wǒ zài chī fàn chī cài chī yú xiā
我在吃饭吃菜吃鱼虾。

chī jī chī ròu chī bǐ sà
吃鸡吃肉吃比萨。

hàn bǎo bāo hé sān míng zhì
汉堡包和三明治,

chī le rè gǒu chī xī guā
吃了热狗吃西瓜。

nà nǐ xiàn zài ne
那你现在呢?

wǒ zài hē ya
我在喝呀!

hē niú nǎi hē bīng chá
喝牛奶, 喝冰茶,

kě lè guǒ zhī hé fēn dá
可乐果汁和芬达,

hái yǒu qī xǐ hé huā chá
还有七喜和花茶!

shǎo chī ròu duō chī cài
少吃肉, 多吃菜,

màn màn lái bié tài kuài
慢慢来, 别太快。

Key words

1	干	gàn	to do
2	饭	fàn	food; cooked rice
3	菜	cài	dishes; vegetables
4	鱼	yú	fish
5	虾	xiā	shrimp
6	肉	ròu	meat
7	了	le	a particle
8	西瓜	xīguā	watermelon
9	现在	xiànzài	now
10	牛奶	niúnǎi	milk
11	冰茶	bīngchá	ice tea
12	可乐	kělè	Coke
13	果汁	guǒzhī	fruit juice
14	芬达	fēndá	Fanta
15	花茶	huāchá	scented tea
16	少	shǎo	less; few
17	多	duō	many; more; much
18	慢	màn	slow
19	快	kuài	fast

24   点菜   Order food

One of your first opportunities to use your new language may be is ordering food at a restaurant. You should not expect to find fortune cookies in China.

nǐ xiǎng chī diǎn er shén me
你 想 吃 点 儿 什 么？

kǎo yā hái shì kǎo jī
烤 鸭 还 是 烤 鸡？

wǒ yào yì zhī kǎo jī
我 要 一 只 烤 鸡。

nǐ xiǎng hē diǎn er shén me
你 想 喝 点 儿 什 么？

kě lè hái shì xuě bì
可 乐 还 是 雪 碧？

wǒ yào yí guàn xuě bì
我 要 一 罐 雪 碧。

nǐ xiǎng yào diǎn er shén me
你 想 要 点 儿 什 么？

jiǎo zi hái shì mǐ fàn
饺 子 还 是 米 饭？

wǒ yào yì wǎn mǐ fàn
我 要 一 碗 米 饭。

nǐ xiǎng lái diǎn er shén me
你 想 来 点 儿 什 么？

chǎo miàn hái shì tāng miàn
炒 面 还 是 汤 面？

wǒ yào yì pán er chǎo miàn
我 要 一 盘 儿 炒 面。

Ms. Gao's Rhymes for Learning Chinese

Key words

1	想	xiǎng	to want; to think; to miss
2	吃	chī	to eat
3	一点儿	yìdiǎnr	a little bit
4	烤鸭	kǎo yā	roasted duck
5	还是	háishì	or (used to form an alternative question)
6	烤鸡	kǎo jī	roasted chicken
7	要	yào	to want; should; must
8	喝	hē	to drink
9	可乐	kělè	Coke
10	雪碧	xuěbì	Spirit
11	罐	guàn	a can of (Coke, beer, etc.)
12	饺子	jiǎozi	dumpling
13	米饭	mǐfàn	cooked rice
14	碗	wǎn	bowl
15	炒面	chǎomiàn	fried noodle
16	汤面	tāngmiàn	noddle soup
17	盘	pán	plate
18	啤酒	píjiǔ	beer
19	吃素	chīsù	to be a vegetarian

25 随便点 Order whatever you like.

China covers a large territory and has 56 nationalities; hence there is a wide variety of Chinese foods, each with quite different but fantastic mouthwatering flavors.

jīn tiān wǒ qǐng kè　jīn tiān wǒ mǎi dān
今天我请客，今天我买单。

qǐng bié tài kè qì　qǐng dà jiā suí biàn diǎn
请别太客气，请大家随便点。

chūn juǎn　jiān jiǎo　niú ròu miàn
春卷，煎饺，牛肉面，

táng cù pái gǔ　yáng ròu chuàn er
糖醋排骨，羊肉串儿。

hóng shāo ròu　níng méng jī
红烧肉，柠檬鸡，

bāo zi　jiǎo zǐ　qīng zhēng yú
包子，饺子，清蒸鱼。

hái yǒu chǎo fàn chǎo miàn chǎo jī dàn
还有炒饭炒面炒鸡蛋，

má pó dòu fu　dàn dàn miàn
麻婆豆腐，担担面。

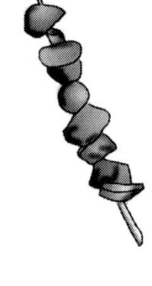

qǐng dà jiā màn diǎn er chī
请大家慢点儿吃，

qǐng dà jiā suí biàn diǎn
请大家随便点，

qǐng bié tài kè qi　jīn tiān wǒ mǎi dān
请别太客气，今天我买单。

xiǎng chī shén me diǎn shén me　jīn tiān wǒ fù qián
想吃什么点什么，今天我付钱。

Key words

#	汉字	Pinyin	English
1	随便	suíbiàn	as you wish
2	点	diǎn	to order (food or drinks)
3	请客	qǐngkè	to (invite) entertain guest
4	买单	mǎidān	to pay the bill in a restaurant
5	春卷	chūnjuǎn	spring roll
6	煎饺	jiānjiǎo	pot stickers
7	牛肉	niúròu	beef
8	面	miàn	noodle; flour
9	糖醋	tángcù	sweet and sour
10	排骨	páigǔ	ribs
11	肉串儿	ròu chuànr	meat kebab
12	柠檬	níngméng	lemon
13	包子	bāozi	steamed meat or vegetable bun
14	饺子	jiǎozi	dumpling
15	炒饭	chǎofàn	fired rice
16	清蒸	qīngzhēng	steamed in broth
17	豆腐	dòufu	tofu
18	担担面	dàndànmiàn	dàndàn noodles (spicy)
19	付钱	fùqián	to pay (bill)

26 水果 Fruits

We all love fruits, those healthy natural deposits of vitamins, water, nutrients and other useful elements. In Chinese culture, people often eat fresh fruits as dessert.

nǐ mài shuǐ guǒ ma
你卖水果吗?

nǐ dōu mài xiē shá
你都卖些啥?

dāng rán la   dāng rán la
当然啦!   当然啦!

wǒ zhè er yǒu
我这儿有:

píng guǒ yā lí hé jú zi
苹果鸭梨和橘子,

bō luó xiāng jiāo hé lǐ zi
菠萝香蕉和李子,

pú táo máng guǒ hé táo zi
葡萄芒果和桃子,

yīng táo cǎo méi hé yē zi
樱桃草莓和椰子。

yǒu xī guā ma
有西瓜吗?

dāng rán la   dāng rán la
当然啦!   当然啦!

hái yǒu   mù guā níng méng hé xìng zǐ
还有:木瓜柠檬和杏子。

nǐ de shuǐ guǒ tián bù tián
你的水果甜不甜?

dōu hěn tián   dōu hěn tián
都很甜!   都很甜!

suān le bú yào nǐ yì fēn qián
酸了不要你一分钱!

bù xìn   nǐ cháng chang
不信,你尝尝!

Ms. Gao's Rhymes for Learning Chinese

Key words

1	水果	shuǐguǒ	fruit
2	当然	dāngrán	Of course. certainly; with no doubt
3	鸭梨	yālí	pear
4	橘子	júzi	orange
5	菠萝	bōluó	pineapple
6	香蕉	xiāngjiāo	banana
7	桃子	táozi	peach
8	葡萄	pútáo	grape
9	芒果	mángguǒ	mango
10	李子	lǐzi	plum
11	樱桃	yīngtáo	cherry
12	草莓	cǎoméi	strawberry
13	椰子	yēzi	coconut
14	木瓜	mùguā	papaya
15	杏子	xìngzi	apricot
16	甜	tián	sweet (a taste)
17	酸	suān	sour
18	信	xìn	to trust; to believe; letter
19	尝	cháng	to taste

27 蔬菜 Vegetables

You've known that fruits and veggies are good for you ever since you were small, and Granny told you to eat all your greens.

shén me dà　shén me xiǎo
什么大？什么小？
shén me xì cháng chuān lǜ ǎo
什么细长穿绿袄？

xī guā dà　shì zi xiǎo
西瓜大，柿子小，
huáng guā xì cháng chuān lǜ ǎo
黄瓜细长穿绿袄。

shén me yuán　shén me wān
什么圆？什么弯？
shén me ná qǐ lái yí dà chuàn
什么拿起来一大串？

yáng cōng yuán　dòu jiǎo wān
洋葱圆，豆角弯，
pú táo ná qǐ lái yí dà chuàn
葡萄拿起来一大串。

shén me kǔ　shén me tián
什么苦？什么甜？
shén me là　shén me suān
什么辣？什么酸？

kǔ guā kǔ　luó bo tián
苦瓜苦，萝卜甜，
là jiāo là　níng méng suān
辣椒辣，柠檬酸。

Key words

#	汉字	Pinyin	Meaning
1	细	xì	thin; slender
2	长	cháng	long
3	穿	chuān	to wear
4	袄	ǎo	coat
5	黄瓜	huángguā	cucumber
6	拿	ná	to take; to hold
7	西瓜	xīguā	water melon
8	柿子	shìzi	tomato; persimmon
9	圆	yuán	round
10	弯	wān	bent; to bend
11	洋葱	yángcōng	onion
12	豆角	dòujiǎo	bean
13	苦	kǔ	bitter
14	甜	tián	sweet
15	辣	là	spicy
16	酸	suān	sour
17	苦瓜	kǔguā	bitter-melon
18	萝卜	luóbo	radish
19	辣椒	làjiāo	hot pepper

28　中国钱　　Chinese currency

> The official **currency in China** is called Rénmínbì, which means "the people's money".
> The Rénmínbì are 元 (yuán), 角 (jiǎo), and 分 (fēn).　　1 yuán = 10 jiǎo = 100 fēn.

yì fēn qián　liǎng fēn qián
一 分 钱， 两 分 钱，

sān fēn　sì fēn　wǔ fēn qián
三 分，四 分，五 分 钱。

yì máo qián　liǎng máo qián
一 毛 钱， 两 毛 钱，

sān máo　sì máo　wǔ máo qián
三 毛，四 毛，五 毛 钱。

yí kuài qián　liǎng kuài qián
一 块 钱， 两 块 钱，

sān kuài　sì kuài　wǔ kuài qián
三 块，四 块，五 块 钱。

yì bǎi kuài　liǎng bǎi kuài
一 百 块， 两 百 块，

sān bǎi　sì bǎi　wǔ bǎi kuài
三 百，四 百，五 百 块，

yì qiān kuài　liǎng qiān kuài
一 千 块， 两 千 块，

sān qiān　sì qiān　wǔ qiān kuài
三 千，四 千，五 千 块。

yí wàn kuài　liǎng wàn kuài
一 万 块， 两 万 块，

sān wàn　sì wàn　wǔ wàn kuài
三 万，四 万，五 万 块。

yí kuài èr　liǎng kuài sān
一 块 二， 两 块 三，

yì bǎi èr shí sān kuài qī máo sān
一 百 二 十 三 块 七 毛 三。

Ms. Gao's Rhymes for Learning Chinese

Key words

1	中国	Zhōngguó	China
2	钱	qián	money
3	一	yī	one
4	分	fēn	Chinese currency for penny
5	两	liǎng	two of (things)
6	三	sān	three
7	毛	máo	Chinese currency for a dime
8	块	kuài	Chinese currency for a dollar
9	百	bǎi	hundred
10	千	qiān	thousand
11	万	wàng	ten thousands
12	人民币	rénmínbì	official name of Chinese currency
13	美金	měijīn	American dollar
14	加币	jiābì	Canadian dollar
15	英镑	yīngbàng	pound
16	欧元	ōuyuán	Euro
17	法郎	fǎláng	Franc
18	日元	rìyuán	Japanese dollar
19	等于	děngyú	to equal to

29 多少钱? How much?

> There's a saying "Everything in China is negotiable." You can bargain for most things in China. Don't feel bad or shy about negotiating.

zá zhì duō shǎo qián
杂志多少钱?

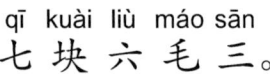
qī kuài liù máo sān
七块六毛三。

shǒu biǎo duō shǎo qián
手表多少钱?

bā bǎi jiǔ shí sān
八百九十三。

zěn me nà me guì
怎么那么贵?
néng bu néng pián yi diǎn er
能不能便宜点儿?

nǐ xiǎng gěi duō shǎo
你想给多少?

yì bǎi èr shí sān
一百二十三。

liù bǎi wǔ shí sān
六百五十三。

yì bǎi èr shí sān
一百二十三。

sì bǎi wǔ shí sān
四百五十三。

tài guì le bú yào
太贵了! 不要!

bié zǒu bié zǒu
别走! 别走!
yì bǎi èr shí sān gěi nǐ la
一百二十三给你啦!
zhè lǎo wài tǐng huì kǎn jià
这老外, 挺会砍价!

Ms. Gao's Rhymes for Learning Chinese

Key words

#			
1	杂志	zázhì	magazine
2	钱	qián	money
3	块	kuài	colloquial word for 元 yuán, a unit currency such as dollar
4	毛	máo	Chinese currency for ten cents
5	分	fēn	Chinese currency for a penny
6	手表	shǒubiǎo	wrist watch
7	怎么	zěnme	How come…?!
8	那么	nàme	so much; that much; in that case
9	贵	guì	expensive; noble
10	能	néng	to be able to
11	便宜	piányì	cheap; inexpensive
12	一点儿	yìdiiǎnr	a little bit
13	想	xiǎng	to want; to think; to miss
14	给	gěi	to give; to; for
15	老外	lǎowài	foreigner (nickname for foreigners)
16	挺	tǐng	very
17	会	huì	to know how; can; likely
18	砍价	kǎnjià	to bargain
19	甩卖	shuǎimài	on-sale

30 商店和车 — Shops & vehicles

This rhyme will help you learn how to say most of the shops and cars in Chinese easily. Have fun with it!

jīn tiān shì zhōu mò　shāng diàn rén hěn duō
今天是周末，商店人很多。

shū diàn　huā diàn　shí zhuāng diàn
书店，花店，时装店，

lǚ diàn　xié diàn　shí pǐn diàn
旅店，鞋店，食品店，

lǐ fà　jiā jù　wén jù diàn
理发，家具，文具店，

miàn bāo　shuǐ guǒ　yǐng shì diàn
面包，水果，影视店，

hái yǒu chāo shì　fàn diàn hé wán jù diàn
还有超市，饭店和玩具店。

Jīn tiān shì zhōu mò　diàn lǐ rén hěn duō
今天是周末，店里人很多！

jīn tiān shì zhōu mò　lù shàng chē zhēn duō
今天是周末，路上车真多：

jiào chē　kǎ chē　jí pǔ chē
轿车，卡车，吉普车，

pǎo chē　tuō chē　zì xíng chē
跑车，拖车，自行车，

jǐng chē　diàn chē　jiù hù chē
警车，电车，救护车，

dì tiě　mǎ chē　mó tuō chē
地铁，马车，摩托车，

hái yǒu huǒ chē　huò chē　gōng jiāo chē
还有火车，货车，公交车。

jīn tiān shì zhōu mò　lù shàng chē zhēn duō
今天是周末，路上车真多！

Key words

1	商店	shāngdiàn	department store; store
2	时装	shízhuāng	fashion; clothes
3	旅店	lǚdiàn	hotel
4	食品	shípǐn	food
5	家具	jiājù	furniture
6	文具	wénjù	stationary (pen, ruler, eraser, etc.)
7	影视	yǐngshì	movie and television
8	超市	chāoshì	super market
9	玩具	wánjù	toy
10	轿车	jiàochē	car
11	卡车	kǎchē	truck
12	吉普车	jípǔchē	jeep
13	托车	tuōchē	tow truck
14	警车	jǐngchē	police car
15	电车	diànchē	trolley bus
16	救护车	jiùhùchē	ambulance
17	地铁	dìtiě	subway
18	摩托车	mótuōchē	motorcycle
19	公交车	gōngjiāochē	bus

31 宠物店 At a pet store

Maybe it's their big eyes and cuddly fur coat. Maybe it's their eagerness to please or the desperation behind a voice you hear through telepathy as it begs, "Take me home."

chǒng wù diàn chǒng wù diàn
宠物店，宠物店，
huān yíng dà jiā jìn lái kàn
欢迎大家进来看！

bà ba xiǎng mǎi jī
爸爸想买鸡，
mā ma xiǎng mǎi yā
妈妈想买鸭。

mǎi jī hái shì mǎi yā
买鸡还是买鸭？

gē ge xiǎng mǎi niǎo
哥哥想买鸟，
dì di yào huí jiā
弟弟要回家。

mǎi niǎo hái shì huí jiā
买鸟还是回家？
nǐ xiǎng mǎi shén me
你想买什么？

wǒ shén me dōu xiǎng mǎi
我什么都想买：
niú yáng zhū mǎ yú
牛，羊，猪，马，鱼，
hái yǒu huā gǒu xióng māo hé wū yā
还有花狗熊猫和乌鸦。

Ms. Gao's Rhymes for LEARNING Chinese

Key words

1	宠物	chǒngwù	pet
2	店	diàn	store
3	欢迎	huānyíng	to welcome
4	进来	jìnlái	to come in
5	买	mǎi	to buy
6	鸡	jī	chicken
7	鸭	yā	duck
8	还是	háishì	or (used in an alternative question)
9	鸟	niǎo	bird
10	回家	huíjiā	to go home; to return home
11	牛	niú	cow; ox
12	羊	yáng	sheep; goat
13	猪	zhū	pig
14	马	mǎ	horse
15	鱼	yú	fish
16	花	huā	colorful; flower
17	狗	gǒu	dog
18	熊猫	xióngmāo	panda
19	乌鸦	wūyā	crow

32 背心儿 Vest

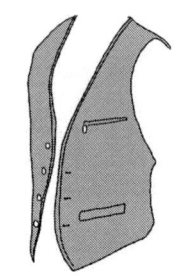

shàng yī　máo yī　bèi xīn er
上 衣，毛 衣，背 心 儿，

xù shān　chèn shān　bèi xīn er
T-恤衫，衬 衫，背 心 儿，

dà yī　nèi yī　bèi xīn er
大 衣，内 衣，背 心 儿，

yùn dòng shān　hàn shān　bèi xīn er
运 动 衫，汗 衫，背 心 儿。

cháng kù　duǎn kù　bèi xīn er
长 裤，短 裤，背 心 儿，

chèn kù　nèi kù　bèi xīn er
衬 裤，内 裤，背 心 儿，

niú zǎi kù　máo kù　bèi xīn er
牛 仔 裤，毛 裤，背 心 儿，

kù zi　kù chǎ　bèi xīn er
裤 子，裤 衩，背 心 儿。

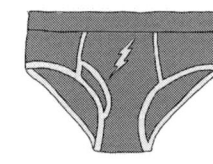

cháng qún　duǎn qún　bèi xīn er
长 裙，短 裙，背 心 儿，

chèn qún　bù qún　bèi xīn er
衬 裙，布 裙，背 心 儿，

niú zǎi qún　mí nǐ qún　bèi xīn er
牛 仔 裙，迷 你 裙，背 心 儿，

lián yī qún　tào qún　bèi xīn er
连 衣 裙，套 裙，背 心 儿。

yī fu　kù zi　bèi xīn er
衣 服，裤 子，背 心 儿，

qún zi　shuì yī　bèi xīn er
裙 子，睡 衣，背 心 儿，

mào zi　xié wà　bèi xīn er
帽 子，鞋 袜，背 心 儿，

rén rén dōu yǒu bèi xīn er
人 人 都 有 背 心 儿！

Ms. Gao's Rhymes for Learning Chinese

Key words

1	背心儿	bèixīnr	vest
2	上衣	shàngyī	coat
3	毛衣	máoyī	sweater
4	T-恤衫	T-xùshān	T-shirt
5	衬衫	chènshān	shirt
6	大衣	dàyī	overcoat
7	内衣	nèiyī	undershirt
8	汗衫	hànshān	undershirt
9	裤子	kùzi	pants
10	衬裤	chènkù	underpants
11	内裤	nèikù	underwear
12	牛仔裤	niúzǎikù	jeans
13	迷你裙	mínǐqún	miniskirt
14	连衣裙	liányīqún	dress
15	套裙	tàoqún	dress suit
16	衣服	yīfu	clothes
17	帽子	màozi	hat
18	鞋	xié	shoe
19	袜子	wàzi	socks

33 如果... If...

rú guǒ nǐ chuān hóng chèn shān
如果你穿红衬衫，
qǐng nǐ sǒng song nǐ de jiān
请你耸耸你的肩。
rú guǒ nǐ chuān lǜ máo yī
如果你穿绿毛衣，
qǐng nǐ róu róu nǐ de xī
请你揉揉你的膝。

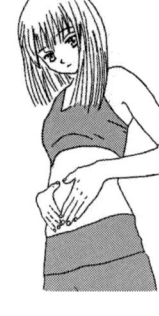

rú guǒ nǐ chuān huáng qún zi
如果你穿黄裙子，
qǐng nǐ wān yí xià er shēn zi
请你弯一下儿身子。
rú guǒ nǐ chuān lán kù zi
如果你穿蓝裤子，
qǐng nǐ pāi yí xià er dù zi
请你拍一下儿肚子。
rú guǒ nǐ chuān hēi wà zi
如果你穿黑袜子，
qǐng nǐ mō yí xià er bí zi
请你摸一下儿鼻子。

rú guǒ nǐ dài zǐ wéi jīn
如果你戴紫围巾，
qǐng nǐ bì yí xià er yǎn jīng
请你闭一下儿眼睛。
rú guǒ nǐ chuān bái qiú xié
如果你穿白球鞋，
qǐng nǐ zuò xià xiē yì xiē
请你坐下歇一歇。

rú guǒ nǐ dài fěn lǐng dài
如果你戴粉领带，
qǐng nǐ zhàn qǐ lái shuō kuài
请你站起来说：快！

Ms. Gao's Rhymes for Learning Chinese

Key words

1	如果	rúguǒ	if
2	耸	sǒng	to shrug (one's shoulders)
3	肩	jiān	shoulder
4	毛衣	máoyī	wool sweater
5	膝	xī	knee
6	弯	wān	to bend; bent; not straight
7	身子	shēnzi	body
8	一下儿	yíxiàr	a little bit
9	袜子	wàzi	socks
10	摸	mō	to touch (use hand)
11	戴	dài	to wear (hat, glasses, tie, etc.)
12	紫	zǐ	purple
13	围巾	wéijīn	scarf
14	闭	bì	to close (eyes)
15	歇一歇	xiēyixiē	to take a break; to rest
16	内裤	nèikù	underwear
17	内衣	nèiyī	undershirt
18	睡衣	shuìyī	sleepwear; pajamas
19	大衣	dàyī	overcoat

34 你看怎么样? — What do you think?

zhè jiàn shàng yī zěn me yàng
这件上衣怎么样?

nǐ chuān zhèi jiàn shàng yī
你穿这件上衣,
xiǎn de tè shén qì
显得特神气。

zhè dǐng mào zi zěn me yàng
这顶帽子怎么样?

nǐ dài zhèi dǐng mào zi
你戴这顶帽子,
xiǎn de tǐng lǎo qì
显得挺老气。

zhè tiáo kù zǐ zěn me yàng
这条裤子怎么样?

nǐ chuān zhèi tiáo kù zi
你穿这条裤子,
xiǎn de tài tǔ qì
显得太土气。

zhè fù yǎn jìng zěn me yàng
这副眼镜怎么样?

nǐ dài zhèi fù yǎn jìng
你戴这副眼镜,
xiǎn de shū shēng qì
显得书生气。

zhè ge pí bāo zěn me yàng
这个皮包怎么样?

nǐ līn zhèi ge pí bāo
你拎这个皮包,
xiǎn de bèi er shǎ qì
显得倍儿傻气。

nǐ kàn wǒ zěn me yàng
你看我怎么样?

nǐ de yì jǔ yí dòng
你的一举一动,
dōu tài hái zi qì
都太孩子气。

Key words

1	穿	chuān	to wear (clothes)
2	上衣	shàngyī	jacket
3	显得	xiǎnde	to seem
4	特	tè	very
5	神气	shénqì	impressive
6	裤子	kùzi	pants
7	土气	tǔqì	similar to a country pumpkin
8	戴	dài	to wear (accessories)
9	帽子	màozi	hat
10	挺	tǐng	very
11	老气	lǎoqì	old-fashioned
12	眼镜	yǎnjìng	glasses
13	书生气	shūshēngqì	scholarly looking
14	拎	līn	to carry
15	皮包	píbāo	briefcase
16	倍	bèi	so; extremely
17	傻气	shǎqì	foolish
18	一举一动	yìjǔyídòng	each and every move
19	孩子气	háiziqì	childish

35　开学了！　Back to school!

Summer is over, and it's time to get back to essentials.

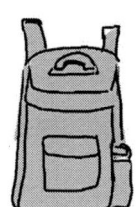

xià tiān guò qù le　jiù yào kāi xué le
夏天过去了！就要开学了！

mā ma dài zhe wǒ hé mèi mei qù mǎi dōng xi le
妈妈带着我和妹妹去买东西了。

mǎi shū bāo　mǎi bǐ hé
买书包，买笔盒，

xiàng pí　chǐ zi　tú gǎi yè
橡皮，尺子，涂改液，

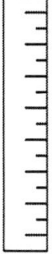

liàn xí běn　jì suàn qì
练习本，计算器，

shàng xué de dōng xi quán mǎi le
上学的东西全买了！

shàng xué de dōng xi quán mǎi le
上学的东西全买了！

xià tiān guò qù le　jiù yào kāi xué le
夏天过去了！就要开学了！

mā ma dài zhe wǒ hé mèi mei qù mǎi yī fu le
妈妈带着我和妹妹去买衣服了。

mǎi chèn shān　mǎi pí xié
买衬衫，买皮鞋，

qún zi　kù zi hé qiú xié
裙子，裤子和球鞋，

mào zi　lǐng dài　xù shān
帽子，领带，T-恤衫

shàng xué de yī fu quán mǎi le
上学的衣服全买了！

shàng xué de yī fu quán mǎi le
上学的衣服全买了！

Ms. Gao's Rhymes for Learning Chinese

Key words

1	开学	kāixué	School starts.
2	过去	guòqù	to pass by; in the past
3	就	jiù	just
4	带	dài	to bring
5	东西	dōngxi	stuff; things
6	笔盒	bǐhé	pencil case
7	涂改液	túgǎiyè	white-out
8	练习	liànxí	exercise; to practice
9	本子	běnzi	notebook
10	计算器	jìsuànqì	calculator
11	衣服	yīfu	clothes
12	衬衫	chènshān	shirt
13	皮鞋	píxié	leather shoes
14	裙子	qúnzi	skirt
15	裤子	kùzi	pants
16	帽子	màozi	hat; cap
17	领带	lǐngdài	tie
18	T-恤衫	T-xùshān	T-shirt
19	上衣	shàngyī	coat

36 我才不呢! No way!

jīn wǎn wǒ qù tiào wǔ
今晚我去跳舞,

wǒ chuān zhèi gè zěn me yàng
我穿这个怎么样?

nǐ zhèi jiàn chèn shān yòu xiǎo yòu shòu
你这件衬衫又小又瘦,

zhèi tiáo qún zi tài cháng
这条裙子太长!

nǐ zhèi jiàn máo yī yòu féi yòu dà
你这件毛衣又肥又大,

wéi jīn de yán sè tài liàng
围巾的颜色太亮!

nà xiàn zài ne
那现在呢?

wǒ jué de hái shì bú gòu piào liang
我觉得还是不够漂亮!

nǐ de méi máo yòu cū yòu duǎn
你的眉毛又粗又短,

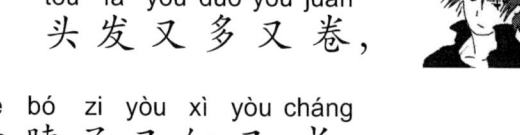

tóu fà yòu duō yòu juǎn
头发又多又卷,

nǐ de bó zi yòu xì yòu cháng
你的脖子又细又长,

tuǐ yě zhǎng de nán kàn
腿也长得难看!

nà wǒ gāi zěn me bàn
那我该怎么办?!

yào bú zán liǎ xià qí ba
要不,咱俩下棋吧。

qù nǐ de wǒ cái bú ne
去你的,我才不呢!

Key words

1	跳舞	tiàowǔ	to dance
2	又…又	yòu…yòu…	both…and…
3	亮	liàng	bright (color)
4	觉得	juéde	to feel
5	够	gòu	enough
6	漂亮	piàoliang	beautiful; pretty
7	粗	cū	rough; thick
8	脖子	bózi	neck
9	细	xì	thin; delicate
10	难看	nánkàn	ugly
11	怎么办	zěnmebàn	What can be done?
12	要不	yàobú	How about…? otherwise
13	咱们	zánmen	we; us
14	俩	liǎ	two people
15	下棋	xiàqí	to play chess
16	帅	shuài	handsome
17	聪明	cōngmíng	smart
18	苯	bèn	stupid
19	随和	suíhé	easy-going

37 忙死了! **Very busy!**

> Business is a symptom of modern living, but you can control it so that stress isn't a constant part of your life.

nǐ máng ma
你 忙 吗?

zhōu mò ne
周 末 呢?

nǐ máng shén me ne
你 忙 什 么 呢?

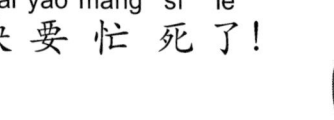
kuài yào máng sǐ le
快 要 忙 死 了!

kuài yào máng sǐ le
快 要 忙 死 了!

wǒ cóng zǎo máng dào wǎn
我 从 早 忙 到 晚,

wǒ cóng zǎo máng dào wǎn
我 从 早 忙 到 晚!

wǒ yī diǎn zuò shù xué   liǎng diǎn xué kāi chē
我 一 点 做 数 学, 两 点 学 开 车。

wǒ sān diǎn xiě bào gào   sì diǎn kàn xiǎo shuō
我 三 点 写 报 告, 四 点 看 小 说。

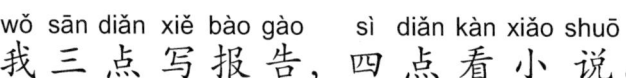

wǒ wǔ diǎn qù huá chuán   liù diǎn xué chàng gē
我 五 点 去 划 船, 六 点 学 唱 歌。

wǒ qī diǎn qù jiàn shēn   bā diǎn chī huǒ guō
我 七 点 去 健 身, 八 点 吃 火 锅。

wǒ jiǔ diǎn kàn diàn shì   shí diǎn cái xiē yi xiē
我 九 点 看 电 视, 十 点 才 歇 一 歇。

nǐ kě zhēn máng
你 可 真 忙!

Key words

1	忙	máng	busy
2	快要	kuàiyao	almost; nearly
3	死	sǐ	to die; extremely
4	数学	shùxué	math
5	开车	kāichē	to drive (a car)
6	写	xiě	to write
7	报告	bàogào	report
8	小说	xiǎoshuō	novel
9	划船	huáchuán	to row a boat
10	唱歌	chànggē	to sing songs
11	健身	jiànshēn	to work out
12	火锅	huǒguō	hotpot
13	电视	diànshì	TV set
14	歇一歇	xiēyixiē	to take a break; to rest
15	遛狗	liùgǒu	to walk a dog
16	上网	shàngwǎng	To surf the internet
17	散步	sànbù	to take a walk
18	钓鱼	diàoyú	to go fishing
19	打扑克	dǎ púkè	to play poker

Ms. Gao's Rhymes for Learning Chinese

38 别担心! Don't worry!

Most of us leave our house in a mad dash in the morning. To avoid this, you should make preparations the night before.

kuài diǎn er ba　bā diǎn le　zài bù qǐ lái jiù wǎn le
快点儿吧，八点了！再不起来就晚了。

xǐ xǐ liǎn　shuā shuā yá　chī gè jiān dàn　hē bēi chá
洗洗脸，刷刷牙，吃个煎蛋，喝杯茶。

bù rán shàng xué yòu huì wǎn　lǎo shī yòu yào mà nǐ lǎn
不然上学又会晚，老师又要骂你懒。

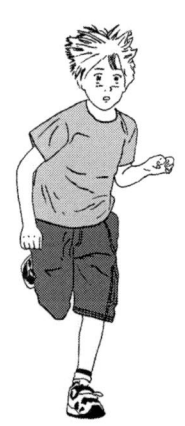

mā ma　mā ma　bié zháo jí
妈妈，妈妈，别着急。

hái yǒu qī fēn zhōng　jué duì lái de jí
还有七分钟，绝对来得及。

wǒ yòng yì fēn zhōng xǐ zǎo　yì fēn zhōng chuān yī
我用一分钟洗澡，一分钟穿衣，

yì fēn zhōng chuān xié wà　yì fēn zhōng chī jī
一分钟穿鞋袜，一分钟吃鸡。

shèng xià sān fēn zhōng　wǒ pǎo dào xué xiào qù
剩下三分钟，我跑到学校去。

zāo gāo　zhēn zāo gāo
糟糕！真糟糕！

wǒ wàng le dài shū bāo
我忘了带书包！

书包呢？

Ms. Gao's Rhymes for Learning Chinese

Key words

1	担心	dānxīn	to worry; anxious
2	晚	wǎn	late
3	洗	xǐ	to wash
4	刷牙	shuāyá	to brush teeth
5	煎	jiān	to fry
6	不然	bùrán	otherwise
7	又	yòu	once again
8	骂	mà	to scold
9	着急	zháojí	to feel anxious; to worry
10	分钟	fēnzhōng	minute
11	绝对	juéduì	absolutely
12	来得及	láidejí	there is still time for….
13	用	yòng	to use
14	洗澡	xǐzǎo	to take a shower or bath
15	剩下	shèngxià	to remain; left over
16	到	dào	to (a place); until (a time); to arrive to
17	糟糕	zāogāo	Too bad! How terrible!
18	忘	wàng	to forget
19	记住	jìzhù	to remember; to learn by heart

39 说星期 Days of the week

今天星期天，明天星期一，
一个星期有七天，
别说星期七。

请你仔细听，
要这样说星期：
星期一，星期二，星期三，
星期四，星期五，星期六，
星期天或星期日，
别说星期七！

请你仔细听，
请你用心记：

周一，周二，周三，
周四，周五，周六，
周日！周日！周日！
别说星期七！

Key words

1	说	shuō	to speak; to say
2	星期	xīngqī	week
3	星期一	xīngqīyī	Monday
4	仔细	zǐxì	carefully; careful
5	听	tīng	to listen; to hear
6	这样	zhèiyàng	such; in this way
7	星期二	xīngqī'èr	Tuesday
8	星期三	xīngqīsān	Wednesday
9	星期四	xīngqīsì	Thursday
10	星期五	xīngqīwǔ	Friday
11	星期六	xīngqīliù	Saturday
12	星期天	xīngqītiān	Sunday
13	星期日	xīngqīrì	Sunday
14	用	yòng	to use
15	心	xīn	heart
16	记	jì	to remember
17	周一	zhōuyī	Monday
18	周日	zhōurì	Sunday
19	周末	zhōumò	weekend

40 上上下下 Up and Down

shàng shàng shàng　xià xià xià
上 上 上，下 下 下，

shàng shàng xià xià　shàng shàng xià
上 上 下 下，上 上 下。

qǐng shàng chē　qǐng shàng chuán
请 上 车，请 上 船，

qǐng shàng fēi jī　qǐng shàng shān
请 上 飞 机，请 上 山。

qǐng xià chē　qǐng xià chuán
请 下 车，请 下 船，

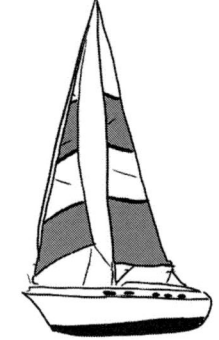

qǐng xià fēi jī　qǐng xià shān
请 下 飞 机，请 下 山。

qǐng shàng lóu　qǐng xià lóu
请 上 楼，请 下 楼，

qǐng qù lóu shàng xǐ xǐ tóu
请 去 楼 上 洗 洗 头。

qǐng shàng cài　qǐng xià shuǐ
请 上 菜，请 下 水，

qǐng qù lóu xià cā cā zuǐ
请 去 楼 下 擦 擦 嘴。

shàng kè la　xià kè la
上 课 啦！下 课 啦！

zán men chū qù tī qiú ba
咱 们 出 去 踢 球 吧。

shàng xué la　fàng xué la
上 学 啦！放 学 啦！

lǎo shī xué shēng huí jiā ba
老 师 学 生 回 家 吧。

shàng bān la　xià bān la
上 班 啦！下 班 啦！

quán jiā qù chī kǎo yā ba
全 家 去 吃 烤 鸭 吧。

Ms. Gao's Rhymes for Learning Chinese

Key words

1	上	shàng	to get on; to climb; up; on top of
2	下	xià	to get off; down; below
3	车	chē	vehicle
4	船	chuán	boat; ship
5	飞机	fēijī	airplane
6	山	shān	mountain; hill
7	楼上	lóushàng	upstairs
8	洗	xǐ	to wash
9	菜	cài	vegetable; cooked dishes
10	楼下	lóuxià	downstairs
11	擦	cā	to wipe; to clean
12	出去	chūqù	to go outside
13	吧	ba	a particle used for making a polite suggestion
14	上学	shàngxué	to go to school
15	放学	fàngxué	School is over.
16	上班	shàngbān	to go to work
17	下班	xiàbān	off work
18	全家	quánjiā	the whole family
19	烤鸭	kǎoyā	roasted duck

41 天气和交通 — Weather & Transportation

People love to talk about weather. It's a way to start a conversation. Learn some common weather vocabulary, and you will find it easy to start a conversation with anyone you meet.

míng tiān tiān qì hǎo   míng tiān tiān qì qíng
明天天气好，明天天气晴，

wǒ men zǒu lù qù shàng xué   nǐ kàn xíng bù xíng
我们走路去上学，你看行不行？

míng tiān tiān qì rè   míng tiān tiān qì qíng
明天天气热，明天天气晴，

wǒ men qí chē qù hǎi biān   nǐ kàn xíng bù xíng
我们骑车去海边，你看行不行？

míng tiān bú xià yǔ   míng tiān tiān qì qíng
明天不下雨，明天天气晴，

wǒ men zuò chē qù shì nèi   nǐ kàn xíng bù xíng
我们坐车去市内，你看行不行？

míng tiān xià dà xuě   míng tiān tiān qì qíng
明天下大雪，明天天气晴，

wǒ men zuò chuán qù shàng hǎi   nǐ kàn xíng bù xíng
我们坐船去上海，你看行不行？

zhōu mò tiān qì lěng   tiān qì yě bù qíng
周末天气冷，天气也不晴，

wǒ men dǎ chē qù chāo shì   nǐ kàn xíng bù xíng
我们打车去超市，你看行不行？

xíng, xíng, xíng！xíng, xíng, xíng！
行，行，行！行，行，行！

nǐ xiǎng zuò shén me dōu xíng
你想做什么都行！

Ms. Gao's Rhymes for Learning Chinese

Key words

1	天气	tiānqì	weather
2	交通	jiāotōng	transportation
3	晴	qíng	clear (weather)
4	走路	zǒulù	to walk; by way of walking
5	行	xíng	Ok.
6	热	rè	hot
7	海边	hǎibiān	seaside
8	下雨	xiàyǔ	to rain
9	坐车	zuòchē	to take a bus (train, subway, etc.)
10	市内	shìnèi	downtown
11	下雪	xiàxuě	to snow
12	坐船	zuòchuán	by boat
13	上海	shànghǎi	Shanghai
14	冷	lěng	cold
15	打车	dǎchē	to take a taxi
16	超市	chāoshì	super market
17	凉	liáng	cool
18	刮风	guāfēng	windy
19	地铁	dìtiě	subway

42 市中心 Downtown

You don't need to journey far to be traveling. Sometimes, you may just hop on a bus to explore what the nearest downtown has to offer.

wǎng qián zǒu zou　　dào chù kàn kan
往前走走，到处看看。

wǎng hòu zǒu zou　　sì chù zhuàn zhuan
往后走走，四处转转。

shí zì lù kǒu　　sì miàn bā fāng
十字路口，四面八方，

dōng xī nán běi　　chē lái rén wǎng
东西南北，车来人往。

wǎng dōng zǒu yǒu yín háng shū diàn hé guǎng chǎng
往东走有银行书店和广场。

wǎng xī zǒu yǒu dì tiě yóu jú hé shāng chǎng
往西走有地铁邮局和商场。

wǎng nán zǒu yǒu gōng yuán yī yuàn tú shū guǎn
往南走有公园医院图书馆。

wǎng běi zǒu yǒu chāo shì fàn diàn hé jiào táng
往北走有超市饭店和教堂。

wǎng qián zǒu zou　　dào chù kàn kan
往前走走，到处看看。

wǎng hòu zǒu zou　　sì chù zhuàn zhuan
往后走走，四处转转。

shí zì lù kǒu　　sì miàn bā fāng
十字路口，四面八方，

dōng xī nán běi　　chē lái rén wǎng
东西南北，车来人往。

Ms. Gao's Rhymes for Learning Chinese

Key words

#			
1	市中心	shìzhōngxīn	downtown center
2	往	wǎng	to go towards a (direction)
3	到处	dàochù	everywhere
4	转	zhuàn	to walk around
5	路口	lùkǒu	intersection
6	东	dōng	East
7	西	xī	West
8	南	nán	South
9	北	běi	North
10	银行	yínháng	bank
11	书店	shūdiàn	bookstore
12	广场	guǎngchǎng	a public square
13	地铁	dìtiě	subway
14	邮局	yóujú	post office
15	商场	shāngchǎng	mall
16	公园	gōngyuán	park
17	图书馆	túshūguǎn	library
18	超市	chāoshì	super market
19	教堂	jiàotáng	church

43 怎么走? **How to get there?**

You don't need to journey far to be traveling. Sometimes, you may just hop on a bus to explore what the nearest downtown has to offer.

nǐ zěn me qù shì nèi
你怎么去市内?

nǐ zěn me qù shàng bān
你怎么去上班?

nǐ zěn me qù jī chǎng
你怎么去机场?

nǐ zěn me qù chē zhàn
你怎么去车站?

wǒ zuò chē qù shì nèi
我坐车去市内。

wǒ zǒu lù qù shàng bān
我走路去上班。

wǒ dǎ chē qù jī chǎng
我打车去机场。

wǒ qí chē qù chē zhàn
我骑车去车站。

nǐ ne
你呢?

wǒ kāi chē qù shì nèi
我开车去市内,

wǒ dā chē qù shàng bān
我搭车去上班,

wǒ zuò dì tiě qù jī chǎng
我坐地铁去机场,

wǒ pǎo zhe qù chē zhàn
我跑着去车站。

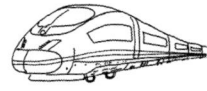

Key words

1	怎么	zěnme	how
2	市内	shìnèi	downtown
3	上班	shàngbān	to go to work
4	机场	jīchǎng	airport
5	车站	chēzhàn	station (train, subway, bus)
6	坐车	zuòchē	to take a bus; by bus (subway, etc.)
7	走路	zǒulù	to walk; by way of walking
8	打车	dǎchē	to take a taxi
9	骑	qí	to ride (bike, horse, motorcycle, etc.)
10	车	chē	vehicle
11	开车	kāichē	to drive
12	搭车	dāchē	to get a ride
13	地铁	dìtiě	subway
14	跑	pǎo	to run
15	摩托车	mótuōchē	motorcycle
16	公车	gōngchē	bus
17	电车	diànchē	trolley bus
18	骑马	qímǎ	to ride a horse
19	三轮车	sānlúnchē	rickshaw

44 天气 Weather

People love to talk about weather. It is a way to start a conversation. Learn some common weather vocabulary and you will find it easy to start a conversation with anyone you meet.

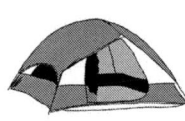

míng tiān tiān qì hǎo　míng tiān tiān qì qíng
明天天气好，明天天气晴，

wǒ men yì qǐ qù lù yíng　nǐ kàn xíng bù xíng
我们一起去露营，你看行不行？

míng tiān tiān qì rè　míng tiān tiān qì qíng
明天天气热，明天天气晴，

wǒ men yì qǐ qù chōng làng　nǐ kàn xíng bù xíng
我们一起去冲浪，你看行不行？

míng tiān méi yǒu yǔ　míng tiān tiān qì qíng
明天没有雨，明天天气晴，

wǒ men yì qǐ qù pān yán　nǐ kàn xíng bù xíng
我们一起去攀岩，你看行不行？

míng tiān bú xià xuě　míng tiān tiān qì qíng
明天不下雪，明天天气晴，

wǒ men yì qǐ qù huá xuě　nǐ kàn xíng bù xíng
我们一起去滑雪，你看行不行？

zhōu mò tiān qì lěng　tiān qì yě bù qíng
周末天气冷，天气也不晴，

wǒ men zài jiā kàn diàn shì　nǐ kàn xíng bù xíng
我们在家看电视，你看行不行？

xíng　xíng　xíng　xíng　xíng　xíng
行，行，行！行，行，行！

nǐ xiǎng zuò shén me dōu xíng
你想做什么都行！

Ms. Gao's Rhymes for Learning Chinese

Key words

#			
1	天气	tiānqì	weather
2	晴	qíng	clear (weather)
3	走路	zǒulù	to walk; by means of walking
4	行	xíng	Ok.
5	热	rè	hot
6	海边	hǎibiān	seaside
7	雨	yǔ	rain
8	坐车	zuòchē	to take a bus (train, subway, etc.)
9	市内	shìnèi	downtown
10	下雪	xiàxuě	to snow
11	一起	yìqǐ	together
12	滑雪	huáxuě	to ski
13	周末	zhōumò	weekend
14	冷	lěng	cold
15	看	kàn	to read; to watch; to see; to visit
16	电视	diànshì	TV set; TV programs
17	凉	liáng	cool
18	刮风	guāfēng	windy
19	烧烤	shāokǎo	barbecue

Ms. Gao's Rhymes for Learning Chinese

45 暑假 Summer vacation

liù yuè lái dào la　xué xiào fàng jià la
六月来到啦！学校放假啦！

wǒ hé péng yǒu qí zhe chē
我和朋友骑着车，

qù fàng fēng zhēng la
去放风筝啦。

liù yuè lái dào la　xué xiào fàng jià la
六月来到啦！学校放假啦！

wǒ hé péng yǒu kāi zhe chē
我和朋友开着车，

qù dà hǎi chōng làng la
去大海冲浪啦！

liù yuè lái dào la　xué xiào fàng jià la
六月来到啦！学校放假啦！

wǒ hé péng yǒu bēi zhe bāo
我和朋友背着包，

qù gōng yuán shāo kǎo la
去公园烧烤啦。

liù yuè lái dào la　xué xiào fàng jià la
六月来到啦！学校放假啦！

wǒ hé péng yǒu nǎ er dōu bù qù
我和朋友哪儿都不去，

zài jiā chī xuě gāo la
在家吃雪糕啦！

Ms. Gao's Rhymes for Learning Chinese

Key words

#			
1	六月	liùyuè	June
2	来到	láidào	to have arrived
3	学校	xuéxiào	school
4	放假	fàngjià	School is out.
5	骑车	qíchē	to ride a bike
6	放	fàng	to let go
7	风筝	fēngzheng	kite
8	开车	kāichē	to drive
9	大海	dàhǎi	sea
10	冲浪	chōnglàng	to surf
11	背	bēi	to carry (on one's back)
12	包	bāo	bag
13	公园	gōngyuán	park
14	烧烤	shāokǎo	barbeque
15	着	zhe	a particle used after a adjective or verb to indicate a continuous action
16	在家	zàijiā	at home
17	吃	chī	to eat
18	雪糕	xuěgāo	popsicle
19	冰淇淋	bīnqílín	ice cream

46 什么都行。 Anything is fine.

你周末常做什么？

天气热的时候，我骑车去海边。

天气冷的时候，我开车去泰山。

天气阴的时候，我骑马去市内。

下大雨的时候，我坐车游山川。

你周末怎么过呢？

天气晴的时候，我去山上种树。

天气凉的时候，我去乡下散步。

刮大风的时候，我去海里冲浪。

下大雪的时候，我去外面扫路。

明天天气好，天也特别晴，

我们一起去烧烤，

你看行不行？

行，行，行！你想干什么都行！

Key words

1	热	rè	hot
2	时候	shíhòu	moment
3	海边	hǎibiān	seaside
4	冷	lěng	cold
5	开车	kāichē	to drive a car; by car
6	泰山	tài shān	Tai mountain
7	阴	yīn	cloudy
8	市内	shìnèi	downtown; inner city
9	下雨	xiàyǔ	to rain
10	游	yóu	to tour; to sightsee; to swim
11	种树	zhòngshù	to plant trees
12	凉	liáng	cool
13	乡下	xiāngxià	countryside
14	散步	sànbù	to take a walk
15	刮风	guāfēng	windy
16	冲浪	chōnglàng	to surf
17	扫路	sǎolù	to sweep the road
18	特别	tèbié	especially; special; unusual
19	烧烤	shāokǎo	barbecue

47 放假了! — It's vacation!

Summer vacation is almost here. It's that time of the year when you are counting down the days until school is out.

xià tiān lái dào le　　jiù yào fàng jià le
夏天来到了! 就要放假了!

lǎo shī xué shēng zài yì qǐ
老师学生在一起,

zhèng zài qìng zhù ne
正在庆祝呢!

chūn yǔ zài chàng gē　　xià xīng zài tiào wǔ
春雨在唱歌,夏星在跳舞。

qiū yè　dōng xuě hé Gāo lǎo shī
秋叶,冬雪和高老师,

qiāo zhe dà hóng gǔ
敲着大红鼓。

dà shān chuī kǒu qín　　dà wěi chuī xiǎo hào
大山吹口琴,大伟吹小号,

xiǎo lì　xiǎo lóng hé xiǎo hǔ
小丽,小龙和小虎,

tán zhe jí tā tiào
弹着吉他跳!

xià tiān lái dào le　　xué xiào fàng jià le
夏天来到了! 学校放假了!

lǎo shī hé xué shēng zài yì qǐ
老师和学生在一起,

qìng zhù fàng jià le
庆祝放假了!

School's out!!!

Ms. Gao's Rhymes for Learning Chinese

Key words

1	夏天	xiàtiān	summer
2	来	lái	to come
3	到	dào	to arrive; to
4	就要	jiùyào	about; to be going to
5	放假	fàngjià	Vacation starts. School is out.
6	一起	yìqǐ	together
7	正在	zhèngzài	an indicator for the progressive tense
8	庆祝	qìngzhù	to celebrate
9	唱歌	chànggē	to sing songs
10	跳舞	tiàowǔ	to dance
11	敲	qiāo	to hit; to strike; to tap
12	鼓	gǔ	drum
13	吹	chuī	to blow
14	口琴	kǒuqín	harmonica
15	小号	xiǎohào	trumpet
16	弹	tán	to play (a musical instrument)
17	吉他	jítā	guitar
18	暑假	shǔjià	summer vacation
19	寒假	hánjià	winter vacation